Inhalt

MMS - Der Prüstein für den Erfolg von UMTS

Kernthesen

Beitrag

Fallbeispiele

Weiterführende Literatur

Impressum

GENIOS WirtschaftsWissen Nr. 10/2002 vom 02.10.2002

MMS - Der Prüstein für den Erfolg von UMTS

M. Westphal

Kernthesen

- Die neuen Übertragungstechniken im Mobilfunk ermöglichen deutlich größere Übertragungsbandbreiten für mobile Datendienste.
- Die ersten Operator starten mit dem Angebot multimedialer mobiler Datendienste.
- Auch Endgerätehersteller kommen mit ersten multimediafähigen Geräten auf den Markt.
- Entscheidend für die Akzeptanz und damit den Erfolg dieser neuartigen Messaging-Dienste wird das Geschäftsmodell sein.

Beitrag

Übertragungstechniken:

Eine notwendige Voraussetzung für die Einführung von höherwertigen mobilen Datendiensten ist die Bereitstellung der notwendigen Übertragungsbandbreiten. Die Datenübertragungsrate der herkömmlichen GSM-Handys beträgt 9,5 kHz und ist damit deutlich zu langsam, größere Datenmengen in akzeptabler Zeit zu transferieren.

Die vor etwa einem Jahr eingeführten GPRS- (General Packet Radio Service) oder auch 2.5 G-Datendienste erlauben schon eine Übertragungsrate von durchschnittlich 58 kbit/s. Inzwischen ist die Flächenabdeckung dieser Technologie inklusive der insgesamt investierten Bandbreiten soweit ausreichend, dass die Operator ein multimediales Angebot einem breiten Publikum anbieten können und werden, um die Investitionskosten wieder zu amortisieren. Gleichzeitig wird dieser Schritt als wesentlicher Meilenstein auf dem Wege zum UMTS (Universal Mobile Telecommunication Standard) angesehen. Zum einen kann die Akzeptanz verschiedener Dienste und Applikationen, wie aber insbesondere auch die Bereitschaft, für diese zu zahlen, überprüft werden.

Mit der Einführung von UMTS, die von den meisten deutschen Operator für das Jahr 2003 vorgesehen ist, würden Übertragungsraten von bis zu 2 Mbit/s möglich (allerdings wird zunächst voraussichtlich maximal eine Leistung von 384 kBit/s angeboten werden). Die aktuelle Einführung dieses Services in Japan und die relativ geringe Akzeptanz sogar bei dem dort Technik verliebten Volk, verbunden mit dem nur auf geringes deutsches Echo treffenden Launches des i-mode-Services durch e-plus, lässt die besondere Bedeutung des "Test-Ballons" MMS für die deutschen Operator erahnen.

Die extremen Investitionen in den Infrastruktur-Aufbau, insbesondere für die Erhöhung der Datenraten, lässt sich nur durch erhöhten "Daten-Umsatz" refinanzieren. Die sogenannten MMS (MultimediaMessagingServices) ermöglichen die Versendung von farbigen Bildern oder Fotos, verknüpft mit Ton oder gar ganzen Filmsequenzen. Eine der Killerapplikationen für die mobile Datenkommunikation könnte die MMS sein.

Start von MMS-Angeboten:

Ein wesentlicher Baustein im Bereich der mobilen Datendienste wird für den Bereich der Konsum-Kunden das mobile Messaging sein. Die deutschen Operator starten mit ersten MMS-Angeboten. Vodafone und T-Mobile haben im Juli damit begonnen, für ihre Kunden MMS-Services anzubieten.

Aktuell bestehen im Wesentlichen Probleme im Roaming, d. h. das Versenden von Nachrichten an Endnutzer anderer Netze/Operator. Die für normale Telefongespräche schon üblichen Abkommen zwischen den einzelnen Operator bezüglich der Durchleitung von Gesprächen durch alle Mobilfunknetze und damit verbundenen "internen" Kostenverrechnung ist bisher für mobile Datendienste und damit insbesondere das Versenden von MMS zwischen den einzelnen Operator schwierig. Probleme gibt es auch, wenn eine MMS-Nachricht von einem Handy auf einen Email-Account gesandt wird, weil dieser nicht antworten kann.

Erste Angebote sind das Versenden von mit dem Phone geschossenen Fotos, Nachrichten mit voreingestellten bunten Bildern und daran gehängte "Sound"-Files, Sex-Quiz, etc..

Erste MMS-fähige Endgeräte auf

dem Markt:

Rechtzeitig zum Start der MMS-Dienste bei den ersten deutschen Operator gibt es auch MMS-fähige Endgeräte. Die wesentlichen für den Endnutzer entscheidenden Unterschiede dieser Geräte sind:
- Ein hochauflösendes Farbdisplay,
- die Möglichkeit, polyphone Klingeltöne oder andere Sound-Dateien abspielen zu können und
- der modulare Anbau einer Digital-Kamera (Sony Ericsson) oder Einbau einer solchen (Nokia).

Ebenso wie es Probleme im Roaming der MMS-Services zwischen den einzelnen Anbietern gibt, gibt es Kompatibilitätsprobleme der Endnutzer beim Versenden von Nachrichten. Die Lösung der Probleme stellen Standardisierungen zwischen den einzelnen MMS-fähigen Gerätetypen dar.

Geschäftsmodelle für MMS-Services:

Wesentlich für den Erfolg sämtlicher datenbasierter Services ist weniger die Übertragungstechnik, sondern der Nutzen und Wert des Dienstes oder aber der Applikation, der dem Kunden einen Mehrwert bringt, für den er bereit ist, die gewünschten Entgelte zu zahlen. Die Mobilfunkanbieter sind mit Durchdringungsraten von mehr als 70% an die Grenzen des Wachstums durch Neukundengeschäft gestoßen. Ebenso stagnieren die Umsätze pro Kunde. Die mobilen Datendienste sollen künftig bis zu 50% des Umsatzes generieren, allerdings stecken die Ideen und Erfahrungen zu diesen "Mehrwertdienten" noch in den Kinderschuhen (1).

Ein wesentlicher Umsatzträger ist für die Operator derzeit das Versenden von SMS (Short-Messaging-Service), der nicht über die Datenleitung, sondern über die Signalisierungsleitung der Anbieter läuft. Die damit verbundene geringe Leistungsfähigkeit (es können nur 160 Textzeichen je Nachricht versandt werden), hält die insbesondere jugendliche Klientel nicht davon ab, diesen Service intensiv zu nutzen.

Die Frage ist, ob diese jugendliche Zielgruppe auch bereit sein wird, die "bunten und multimedialen" Services ähnlich viel zu nutzen, da die Preise hierfür deutlich über denen von SMS-Services liegen werden. T-Mobile wird z. B. einen volumenbasierten Tarif einführen, der für Nachrichten bis zu 30 kbyte einen Preis von 0,39 Euro verrechnen wird, für Nachrichten bis zu einer Größe von 100 kbyte werden knapp 1 Euro fällig werden. Die bisherige Gewohnheit der

Nutzer, je (SMS-)Nachricht einen einheitlichen Preis zu zahlen, wird einer (Daten-)volumenabhängigen Preisgestaltung weichen, die die Beanspruchung der Netze berücksichtigt. Die wesentliche Frage wird sein, wie man eine für den Kunden transparente Preisgestaltung realisieren kann, in der er im Voraus weiß, wie teuer der von ihm geplante MMS-Transfer sein wird.

Ein wichtiger Erfolgsfaktor für die Einführung der MMS-Dienste wird die schnelle Klärung der oben angerissenen Problemkreise insbesondere im Hinblick auf das Roaming, wie aber auch der Standardisierung der Nachrichten, um eine Kompatibilität zwischen verschiedenen Geräten zu gewährleisten, sein.

Und zu guter Letzt wird die Bereitschaft der Kunden, für multimediale Dienste einen (Premium-)Preis zu zahlen, davon abhängen, inwieweit diese Dienste dem Kunden einen wirklichen Wert bieten.

Fallbeispiele

Das Mobile Marketing, welches derzeit noch auf SMS-Messaging basiert und von Unternehmen wie

McDonalds und Wella mit großem Erfolg aufgrund gigantischer Response-Raten praktiziert wird, kann durch die vielfältigen zusätzlichen Möglichkeiten, die die MMS aufgrund ihrer Multimedialität bietet, für die Nutzer noch weitaus attraktiver gestaltet werden. Hier sehen viele Unternehmen wie auch Mobile Marketing Agenturen, wie z. B. 12snap oder Mindmatics, die teilweise über OptIn-Datenbanken (profilierte Nutzer-Daten von Empfängern, die eingewilligt haben, per Push-Kampagnen, Daten, Informationen oder Coupons zu erhalten) von bis zu 4 Mio. Nutzerdaten (12snap) oder aber qualitativ 120 Suchkriterien (Mindmatics) verfügen und diese den Werbetreibenden für die Zwecke ihrer Kampagnen anbieten, ein großes Potential für die Nutzung von MMS. (7)

E-Plus will ebenso bis Ende diesen Jahres MMS in seinem Netz ermöglichen. Trotzdem setzt das Unternehmen weiterhin auf den mobilen Internetdienst i-mode als wesentlichen Umsatztreiber und damit auch als Test für das spätere UMTS. Einige Wochen nach seinem Start in Deutschland und den Niederlanden zählte dieser Service 50.000 Abonnenten, wobei man erwartet, bis Ende 2003 etwa 1.000.000 Nutzer gewonnen zu haben, die jährlich etwa 100 EUR für diesen Service zahlen werden. (4)

Weiterführende Literatur

(1) Die Leiden der jungen Dienste Mobilfunkkonzerne versuchen fieberhaft, die kryptischen Kürzel UMTS, GPRS und MMS mit Inhalt zu füllen · Kunden geht es vorrangig um den Preis
aus FTD Financial Times Deutschland vom 11.06.2002, Seite BE1

(2) Pixelbrei auf dem Handy-Display Die bunten Nachfolger der SMS sind da: Vergangene Woche startete D2 Vodafone überraschend das MMS-Zeitalter. Was bringen die Multimedia-Nachrichten? Ein Selbstversuch
aus FTD Financial Times Deutschland vom 24.04.2002, Seite 32

(3) T-Mobile startet Versand von MMS-Kurznachrichten
aus Die Welt, Jg. 52, 29.06.2002, Nr. 149, S. 13

(4) Heuzeroth, Thomas, MMS ist der letzte Joker der Mobilfunker, Welt am Sonntag, Jg. 53, Nr. 25, 23.06.2002, S. 30
aus Die Welt, Jg. 52, 29.06.2002, Nr. 149, S. 13

(5) MMS soll Nokia aus der Krise helfen Finnischer Mobiltelefonhersteller verliert Marktanteile – Fundamentale Änderungen in der Branche
aus Finanz und Wirtschaft, Seite 40

(6) SMS bleibt der wichtigste Datendienst im Mobilfunk
aus Frankfurter Allgemeine Zeitung, 16.05.2002, Nr. 112, S. 25

(7) Marketing macht mobil
aus CYbiz Nr. 07-08 vom 03.07.2002 Seite 012

Impressum

MMS - Der Prüstein für den Erfolg von UMTS

Bibliografische Information der deutschen Nationalbibliothek

Die Deutsche Nationalbibliothek verzeichnet diese Publikation in der deutschen Nationalbibliografie; detaillierte bibliografische Daten sind im Internet über http://dnb.d-nb.de abrufbar.

ISBN: 978-3-7379-0412-4

© 2015 GBI-Genios Deutsche Wirtschaftsdatenbank GmbH, Freischützstraße 96, 81927 München, www.genios.de

Alle Rechte vorbehalten. Dieses Werk ist einschließlich aller seiner Teile – z.B. Texte, Tabellen und Grafiken - urheberrechtlich geschützt. Jede Verwertung außerhalb der Grenzen des Urheberrechtsgesetzes bedarf der vorherigen Zustimmung des Verlags. Dies gilt insbesondere auch für auszugsweise Nachdrucke, fotomechanische Vervielfältigungen (Fotokopie/Mikroskopie), Übersetzungen, Auswertungen durch Datenbanken oder ähnliche Einrichtungen und die Einspeicherung und Verarbeitung in elektronischen Systemen.